AF248314

MANUEL

DU

PARFAIT LÉGITIMISTE

ANGELO DE SORR

MANUEL

DU

PARFAIT LÉGITIMISTE

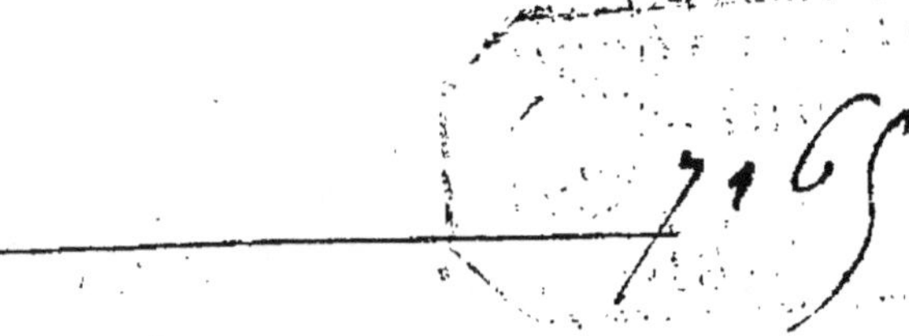

PARIS

FERDINAND SARTORIUS ÉDITEUR

27, RUE DE SEINE 27.

1872

MANUEL

DU

PARFAIT LÉGITIMISTE

Les manuels du *Parfait Notaire*, du *Parfait Douanier*, du *Maire* et du *Juge de paix* ne suffisent plus aux besoins publics. La manuel politique manquait. Le voici.

Après le manuel du *Parfait Légitimiste*, paraîtront ceux du *Parfait Bonapartiste* et du *Parfait Orléaniste*. Ces trois brochures formeront une trilogie que tout homme sérieux ne pourra se dispenser d'avoir dans sa bibliothèque. Ce sera le *vade mecum* de celui qui veut être quelque chose et, cas bien plus difficile, de celui qui ne veut être rien.

SON ÉDUCATION.

L'état de légitimiste exige deux qualités essentielles : savoir être riche; savoir être pauvre.

Occupons-nous d'abord de la première situation ; la seconde aura un examen tout spécial.

Le jeune légitimiste sera élevé par monsieur l'abbé. Cet ecclésiastique est attaché à la maison paternelle. C'est plutôt un hôte qu'un simple précepteur. Il est homme du monde, humble, poli, doux et aimable. La domesticité mâle a pour lui le même respect que celui qu'elle accorde à monsieur le marquis ; l'autre est si empressée dans ses soins intimes que monsieur l'abbé en est parfois confus et embarrassé. Mais le fond de son caractère est bétonné d'indulgence. Il aime son élève, lui persuade qu'il n'aura jamais de meilleur ami que lui; et espère, dans l'avenir, par son influence, devenir curé de première classe dans une grande ville, et même, peut-être, évêque.

Lorsqu'il aura terminé ses classes, le jeune légitimiste fera son droit. Point pour exercer, fi donc!... mais, pour que la connaissance des législations lui facilite l'accès de la tribune à la Chambre.

Pour ces études, on choisira une ville d'excellent diocèse et où l'opinion royaliste domine : Poitiers, par exemple, ou Rennes si le sujet est Breton.

Il n'est point à dire que Paris lui soit interdit; mais si la famille n'y habite pas il est prudent qu'il soit recommandé à d'excellents correspondants, et qu'il fréquente, si possible, quelque membre éminent du clergé. — Il assistera tous les dimanches à la grand'messe de Saint-Sulpice.

Il n'est point nécessaire cependant qu'il soit dévot. Il lui est même permis d'avoir quelques légères irrévérences vis-à-vis des ecclésiastiques ; sa naissance l'y autorise, car il n'ignore pas que beaucoup de membres du clergé sont issus de sang noble, mais séparé par la barre de bâtardise.

Il lui est loisible de parler légèrement des prédicateurs en vogue, et de railler à table les jeunes duchesses qui, pour se délasser du carnaval, se passionnent pour eux.

D'ailleurs, ceci est à considérer que le légitimiste produit l'unique impie qui nous reste. Il est impie comme le *Don Juan* qui blasphème pour le plaisir de la chose, et qui n'ignore pas qu'il se damne. Le croyant seul peut être impie ; et il se complaît d'autant mieux dans l'impiété que le confesseur est là pour l'absoudre.

Mais, passé trente ans, le légitimiste ne doit plus être impie. Lorsqu'il est jeune un impie est un charmant mauvais sujet et les dévotes lui sourient. Il n'en est pas de même du libre penseur. Pouah !... de quelle abomination allions-nous parler !...

SES AMOURS.

Il a terminé ses études ; il a suivi quelques cours, en a par-dessus la tête, et ne veut plus en entendre parler. Il commence à essayer de perdre de vue monsieur l'abbé. Monsieur l'abbé a l'esprit de se laisser perdre afin de savoir se retrouver en temps utile. Monsieur l'abbé est un malin ; il n'a pas besoin de *manuel* ; ce n'est pas pour lui que nous écrivons.

C'est donc un homme, et, par sa naissance, un homme à tendances politiques.

Il faut qu'il excelle dans tous les exercices du corps. Les armes les plus élégamment meurtrières doivent lui être familières. Embrocher un orléaniste qui tient de la place est le rêve auquel il prodiguera les caresses les plus douces.

Mais, avant d'accomplir ces hauts faits, il a le droit de s'amuser un peu, et, en bon gentilhomme, il doit faire des dettes. Lorsqu'à dixhuit ans il devait cinq cents francs, il confiait son embarras à monsieur l'abbé. Maintenant, lorsqu'il devra trente ou quarante mille francs, si le père est intraitable, il aura recours à un oncle célibataire, ou à une excellente chanoinesse de la famille. La chanoinesse se fait rare ; lorsqu'elle manque complétement, on la remplacera par une marraine indulgente.

Si le jeune légitimiste s'adresse à l'oncle, il avouera dette de jeu, dette d'honneur que le vieux gentilhomme voudra acquitter sur l'heure.

S'il s'adresse à la tante, il dira qu'il a été entraîné par une femme. Il donnera quelques détails croustillants ; les vieilles parentes en raffolent. Il montrera les photographies, non pas de celles qu'il a aimées, mais de celles qui l'ont aimé. La vue de ces impures fera rêver la chanoinesse, et la marraine l'embrassera en lui disant : Mauvais sujet, cela ne m'étonne point si l'on t'aime tant!...

Agir avec ménagement. Un oncle, de si bonne qualité qu'il soit, ne peut guère servir que deux fois ; une riche parente trois fois au plus.

Vis-à-vis de ses maîtresses, le légitimiste doit être toujours homme du monde ; il doit avoir pour elles les mêmes égards que s'il avait affaire à des femmes de sa caste, non point pour elles, mais pour lui. Il ne doit pas les aimer, et jamais la jalousie à leur sujet ne doit s'éveiller dans son cœur. Il doit conserver sa dignité dans le boudoir. Aux doux instants de perpétration amoureuse il pourra tout entendre; mais, après, il exigera qu'on lui parle avec respect et déférence. S'il apprend qu'il est trompé, il en rira. Pour lui, une maîtresse qui le trompe, c'est comme un domestique qui le vole. Un vrai gentilhomme doit être volé par ses gens ; sans cela ceux-ci le mépriseraient. Il n'y a que les bourgeois qui n'ont pas le moyen de se laisser voler.

L'amour du légitimiste ne lui appartient pas. Il le réserve pour une jeune héritière qu'il ne connaît pas encore, mais que monsieur son père lui indiquera au moment voulu. Comme après son mariage le légitimiste devient religieux, il aura beaucoup d'enfants. Sa femme doit s'y attendre ; cela la fatiguera, c'est vrai, mais l Eglise le veut ainsi.

Si le jeune légitimiste commet ses fredaines sur ses terres, à l'ombre du château patrimonial, il est possible qu'il soit la cause de quelques naissances illicites ; il ne doit pas s'en inquiéter. Monsieur l'abbé sera dans la confidence ; par son entremise on aura soin des petits êtres, et lorsqu'ils auront atteint l'âge de l'étude on les fera entrer au petit séminaire.

A tout prendre, cela vaut encore mieux que de les abandonner tout à fait.

Il est sage que le légitimiste n'attende pas pour se marier que sa santé soit trop délabrée ; il est certainement très comme il faut de ruiner son estomac dans les cabarets du boulevard, de perdre ses cheveux et ses dents dans les boudoirs des Champs-Elysées, mais la simple raison vous dicte de conserver quelque force afin de pouvoir continuer sa race, et quelque énergie intellectuelle pour défendre l'autel et le trône, qui menacent, eux aussi, de se délabrer.

Lorsque le légitimiste se séparera de ses maîtresses pour prendre femme, en parfait gentilhomme il répandra quelques bienfaits dans ces divers gynécées.

Le mariage du légitimiste doit autant que possible être consacré par un évêque. Une bénédiction de cardinal est le *nec plus ultra* du genre.

Afin de ne pas ressembler à un huissier ou un commissaire-priseur, ce qui est toujour désagréable, le légitimiste se mariera en pantalon clair et en habit bleu. S'il ne s'est pas trop écarté des bons principes, il communiera avec sa fiancée. Ce sera d'un bon exemple pour le pays si la cérémonie a lieu en province, et si c'est à Paris la mauvaise presse en sera confondue.

On ne dansera pas à la noce du légitimiste. Le soir même les époux partiront par le chemin de fer. Mais à la première station, s'ils sont intelligents, ce qui est incontestable, ils abandonneront l'honnête compartiment où ils seront montés ostensiblement devant la famille, pour prendre possession d'un coupé-lit que l'administration leur aura réservé.

Dans ce coupé-lit ils n'auront rien à craindre, — tant que le train sera en marche.

Il est superflu de recommander aux jeunes époux de n'avoir point, malgré la solennité du jour, de fausse honte. Le soir ils feront la prière ensemble, et également le matin. Si la jeune femme a, en sa mémoire, une petite prière spéciale, elle l'apprendra à son mari, et celui-ci fera de même vis-à-vis de sa femme.

Maintenant, ils peuvent rouler, le ciel bénira leur union.

C'est maintenant un homme accompli. Il a maison montée ; la jeunesse s'en va, les petits enfants arrivent.

Plus le nom du légitimiste est illustre, plus les prénoms donnés à ses enfants doivent être simples. Les Pierre, Jean, Jacques, Jeanne, Jacqueline doivent être préférés.

Le *vicomte Pierre* fait très-bien quand le nom de famille qui suit vient des croisades.

On ne doit pas lire de romans au château. Les brochures politiques seules sont admises. Pour le légitimiste il n'y a qu'un auteur, c'est Alexandre Dumas fils. Mais on ne le recevra pas.

Car le véritable gentilhomme sourit un peu en lisant ses pièces qui ont l'intention de peindre le *monde*.

En effet, il en est du monde comme des langues. Les personnes qui ne l'ont appris que par fréquentation se distingueront toujours de celles qui y son nées. L'oreille et l'œil de race reconnaîtront, si peu perceptible qu'il soit, l'accent commun dans leur dire et leur manière. Dans le monde, Dumas fils pèche par la pureté de l'accent.

L'*Union* et la *Gazette de France* ont leurs grandes entrées. On les voit sur la table du salon ; elles sont là chez elles. Le *Figaro* n'a droit qu'aux chambres et cabinets ; mais quelquefois le soir, après le dîner, on l'autorise à se présenter.

Le curé de la paroisse apporte parfois l'*Univers*, afin de montrer un article virulent à la lecture duquel il s'egaye jusqu'à la *clodocherie* des mandibules ; mais il aura beau faire on ne s'y abonnera jamais. Et cela par cette raison que, comme temporel, le Pape vient après le Roy.

Tous les jours bonne table, et le curé, s'il sait

se tenir, y trouvera son couvert une fois par semaine. Pour obtenir cette faveur il ne faudra
pas qu'il ait des phrases de ce calibre :

— Monsieur le marquis, j'ai bien l'honneur
de vous saluer. Et *votre dame*, comment va-t-elle?
Est-ce que votre petite *demoiselle* a toujours la
coqueluche?

Dans ce cas il ne faudrait pas essayer de lui
donner le ton. Ce serait peine inutile, et d'ailleurs cela le froisserait peut-être. Il sera plus
simple de demander son changement en recom-
mandant à l'évêque de le remplacer par un
prêtre qui sache parler.

Monsieur l'abbé se chargera volontiers de cette
démarche.

Les jours de *Te Deum*, en l'honneur du gouvernement établi, le légitimiste et les siens pro-
testeront par leur absence.

Un exemple à l'appui et — à suivre.

Il y a quelques années, sous l'empire, je me
trouvais en Bretagne. Le 15 août, fête nationale
pour les préfets et fête de l'Assomption pour les

légitimistes, j'allai à la messe à Saint-Pol-de-Léon.

Un des plus riches et des plus influents gentilshommes du pays, le marquis de G..., entra dans l'église suivi de ses *vingt-sept* domestiques, tous portant la livrée. Ces vingt-sept domestiques prirent place derrière leur maître, et le prêtre monta à l'autel.

La messe terminée, au moment où l'on allait entonner le *Te Deum*, le marquis de G... se leva et sortit ostensiblement. Ses vingt-sept domestiques le suivirent. Quelques hobereaux l'accompagnèrent, qui suivi de sa cuisinière, qui de son valet de ferme.

Le prêtre, informé sans doute du cérémonial, et peut-être de connivence dans cette petite protestation, attendait. Lorsque le dernier gentillâtre eut quitté l'église, il se retourna vers les chantres et l'on commença le *Te Deum*.

Il ne restait plus que M. le maire, les employés d'administration, le percepteur, les directeurs de l'enregistrement et des postes, les pompiers et les indifférents.

M. le marquis de G... étant un parfait légitimiste, son exemple doit être suivi par ceux de
sa caste à l'heure de tout *Te Deum* et sous n'importe quel gouvernement, — excepté celui du
Roy.

Lorsque l'évêque du diocèse fera une tournée
pastorale, si le curé est pauvre, ce qui est probable, vu la charité proverbiale du pasteur, il
descendra au château. Ce seront les grands
jours du légitimiste, mais il faudra habilement
gouverner.

On tâchera de se procurer quelques bons journalistes, bien pensants, du département. De ces
journalistes qui répondent ainsi au question-
naire du parfait chroniqueur :

— Quand un incendie éclate dans le pays,
quel est celui qui arrive le premier sur le lieu du
sinistre ?

— Le curé de la paroisse.

— Et si le curé de la paroisse est absent ?

— Le curé de la paroisse voisine.

— Très-bien. Et quand la grêle détruit la
récolte du paysan et le ruine, lorsque l'inonda-
tion dévaste son champ, qui vient à son secours,
qui lui apporte des consolations ?

— Le curé de la paroisse.

— Et si par une cause quelconque cette paroisse est momentanément sans prêtre ?

— Le curé de la paroisse voisine.

— Très-bien. Dans les moments de tourmentes politiques, s'il y a une émeute locale, un mouvement populaire, quel est celui qu'on insulte le premier et vers lequel on se porte à des voies de fait ?

— Le curé de la paroisse.

— Et après le curé ?

— Son digne vicaire.

— Très-bien. Et lorsque le train qui traverse la commune déraille ou est précipité dans un ravin, qui vient au secours des victimes avant tout le monde ?

— Le curé, le curé.

— Très-bien, très-bien !

— Et quand ?...

— Le curé, toujours le curé, premier toujours, premier !...

— Très-bien !...

Le journaliste qui répond ainsi sera invité au château pendant tout le temps qu'y séjournera monseigneur. Il aura une chambre bien aérée, un plateau varié sur la crédence, et sur la table tout ce qu'il faut pour écrire.

Si le légitimiste est adroit, cette occasion lui servira. C'est surtout à la cérémonie de la confirmation qu'il doit donner ses soins. S'il peut recruter dans le pays une demi-douzaine de vieillards qui n'aient pas reçu ce sacrement, c'est un homme lancé ; son nom parcourra la presse religieuse de Brest à Perpignan. Mais, autant que possible, des vieillards à cheveux blancs. Les cheveux blancs sont indispensables pour les confirmations à effet. S'il découvre un vieillard, enfant de 93, qui n'ait pas fait sa première communion, et qu'il l'amène à la sainte table, oh ! ma foi, monsieur le légitimiste est arrivé, aux prochaines élections il sera député.

Mais, de tout cela, on n'en parlera pas à table. La chère sera exquise, monseigneur sera satisfait. Au dessert, le légitimiste portera un toast.

— A monseigneur !

Monseigneur répondra :

— Aux habitants de la bonne paroisse de... et à leur digne curé !...

Alors, monsieur l'abbé, un peu lancé par le vin de Champagne, émoustillé par les gais propos des bons journalistes, se lèvera, et, après avoir promené un regard mystérieux sur tous les convives, dira à voix presque basse :

— Au Roy !...

Le légitimiste très-ému élèvera son verre et trinquera avec tous.

Il y aura un moment de silence dont la signification n'échappera à personne.

On parlera après, comme si rien n'était, des événements politiques. Si le légitimiste est jeune, il dira :

— Le comte de Chambord.

S'il est âgé, il le désignera par ce titre antérieur :

— Le duc de Bordeaux.

Pour toutes ces appellations monseigneur n'aura que des sourires.

Comme on sera avec gens qui dînent bien tous les jours, on ne fera pas trop longue table. Cela fatigue et peut amener des inquiétudes d'estomac.

Il y a aussi la goutte à redouter, mais le parfait légitimiste ne doit pas la méconnaître.

C'est un privilége de succession.

Vers soixante ans, le légitimiste aura la goutte de ses pères; c'est très comme il faut. Et puis, c'est comme l'habit à la française que tout le monde ne saurait porter. Le gentilhomme entoure sa goutte avec coquetterie, avec élégance; il ne répugne pas; on sent qu'il doit être aimé malgré cela. N'a pas la goutte qui veut. L'orléaniste aura beau faire, ce ne seront jamais que des rhumatismes. Il y aura de la flanelle, des linges sales, des liniments qui sentent mauvais. Le bonapartiste aura des hémorroïdes.

Le légitimiste seul a la goutte.

Le légitimiste naît chasseur. Et c'est de lui que l'on peut dire avec raison qu'il chasse de race.

Lorsque vaincu par l'âge il ne peut plus chasser, il chasse encore. Et comme preuve à l'appui qu'on m'autorise un souvenir personnel.

Un mien grand oncle, le comte de Castelnau, habitait, en Gironde, le vieux château de Montferrant. Il était loin d'être jeune, car il comptait bien quatre-vingt-quinze ans. Il avait été grand chasseur, et il chassait toujours, — seulement d'une manière qui mérite d'être racontée.

Un jour que je lui faisais visite, il me dit sans autre préambule :

— Es-tu chasseur ?

— Certainement, mon oncle.

— Et que chasses-tu ?

— Mais, le gibier du pays. En plume, la perdrix, le râle, la grive, la bécasse ; en poil, le lièvre et le lapin ; en bête puante, le blaireau, la fouine, le renard.

— Ah ! tu chasses le renard !... Eh bien, veux-tu en chasser un avec moi ?

Cette question m'étonna un peu ; mais, j'étais d'un âge et d'un temps où l'on ne s'étonnait jamais de rien des grands parents. Aussi, répondis-je le plus naturellement du monde :

— Certainement, mon oncle ; mais, cela vous fatiguera peut-être ?

— Me fatiguer !... Pas du tout !... Oh ! ce ne sera pas long.

— Cependant.

— Avant une heure, le renard sera forcé.

— Avant une heure !...

— Avant une heure, te dis-je. Tu penses bien

qu'à mon âge on ne peut rester tout un jour en chasse.

Le comte sonna. Un bruit de sabots se fit entendre dans le grand escalier de pierre. Lorsqu'on fut près de la porte, on se déchaussa, et un domestique à allure de paysan se présenta sur le seuil.

— Augustin, mon neveu désire chasser un renard avec moi dans le parc. Prépare tout, et surtout n'oublie pas de fermer le portail.

— Quel renard monsieur le comte désire-t-il chasser ?

— Dam, tu dois savoir à qui le tour.

— Ce serait à la femelle jaune.

— Va, pour la jaune.

— C'est qu'elle a des petits depuis avant hier.

— Ah ! diable !... alors, forçons le charbonnier.

Augustin sortit aussi tranquillement que si on venait de lui donner une lettre à porter à la poste.

Et, tout à coup, mon oncle se tournant vers moi, s'écria :

— Allons, mon neveu, en chasse !

— En chasse !... répétai-je machinalement.

Puis, comme je m'apprêtais à sortir, mon oncle me retint.

— Où, diable, vas-tu donc ?

— Mais, à cheval.

— A cheval !... et pourquoi faire, mon Dieu ?...

— Pour vous accompagner.

— Mais, voilà plus de vingt ans que je ne monte plus à cheval !...

Et, ce disant, il ouvrit les deux vastes portes qui donnaient sur la terrasse du perron.

— Si tu veux t'asseoir, mon cher neveu, prends un siége. Quant à moi, j'ai pour habitude de rester debout tout le temps de la chasse.

— Je resterai debout comme vous, mon oncle.

Le comte s'empara d'une trompe et revint au perron.

— Allons, Augustin, nous attendons.

Augustin venait de lacher cinq chiens courants qui se mirent à *donner* dans la cour avec le sérieux de cinq basse-tailles qui s'exerceraient. Afin de les exciter, le comte souffla dans la trompe, et, chose étonnante, ce nonogénaire sonna une fanfare.

Les anciens légitimistes avaient de biens meilleurs poumons que ceux d'aujourd'hui.

Augustin, un panier fermé à la main, prit sa course vers la muraille d'enceinte du parc. Les cinq chiens le suivirent. Aux mouvements du panier on devinait qu'il contenait quelque chose de vivant.

— Que diable y a-t-il dans ce panier? demandai-je.

— Eh bien, le renard.

— Quel renard?

— Mais, le renard que nous allons forcer.

J'étais, malgré mon jeune âge, un peu ébahi. Augustin, après avoir écarté les chiens, ouvrit

le panier d'où un animal à longue queue s'é-
chappa comme une fusée.

La meute se mit à sa poursuite.

Mon oncle s'époumonait dans la trompe.

A travers les éclaircies de la garenne on suivait
très-facilement des yeux cette étrange chasse.

Par moment, le comte criait, lorsque le pi-
queur se rapprochait :

— Augustin, un coup de fouet à Lolla qui est
trop près !

— Faut-il faire le saut de la rivière, monsieur
le comte.

— Oui, mais au troisième tour.

La rivière était une rigole de trois à quatre
pieds de gorge, qu'enjambait un petit pont. Le
renard et sa suite avaient déjà passé deux fois
à grande vitesse sur ce pont. Au troisième tour,
Augustin le leva.

Le renard sauta, les chiens sautèrent, mais
Lolla tomba à l'eau.

L'émotion était grande. Le comte poussa un hourra d'enthousiasme.

— Bravo!... bravo!... le renard!... s'écriait-il animé, ardent, transfiguré.

— Monsieur, monsieur!... criait Augustin, la bête est fatiguée!... C'est la troisième fois qu'on la chasse depuis dimanche.

— Qu'importe!... Il faut satisfaire la meute. Une meute c'est comme le peuple.

— C'est que Lolla est furieuse et le touche de près.

— Honte pour Lolla qui n'a pas su sauter!... Elle n'est pas digne du triomphe. A bas Lolla!... Vive le renard!.., Ouvre la porte, Augustin.

Il y avait près du pont une petite niche. Augustin en ouvrit l'entrée. Le renard qui avait l'habitude de cet exercice, et dont la chasse était réglée comme un ballet de la cour, se jeta dans la niche. Augustin ferma la porte. La chasse était terminée...

Mon oncle se retourna vers moi:

— Eh bien, mon neveu, comment trouvez-vous ce courre.

— Très-ingénieux et surtout très-amusant.

— Distraction de gentilhomme !

Si le légitimiste atteint l'âge de mon oncle, ce que je lui souhaite, je lui recommande cette chasse au renard.

LE LÉGITIMISTE VIVEUR.

Le légitimiste doit aimer le bien vivre, et surtout le grand vivre. — Il pourra être saturé de vices, mais de vices aimables. Les douairières nommeront cela ses péchés mignons.

Il aura des maîtresses, mais il exigera d'elles, vis-à-vis du monde, une conduite exemplaire.

Tous les dimanches elles seront tenues d'aller à la grand'messe de leur paroisse, et feront un maigre ostensible le vendredi.

Dans l'exercice de leurs fonctions elles auront le droit de plaisanter sur tout cela.

Il sera fortement endetté, et, par conséquent, ses vastes domaines seront grevés d'hypothèques, Mais Fontana lui livrera des parures à quatre-vingt-dix jours, et les marchands de chevaux le tromperont à qui mieux mieux.

De temps en temps un procès avec un de ses maquignons fera très-bien ; cela donnera au monde une idée de la valeur des écuries du parfait légitimiste.

Il ne mettra jamais les pieds à la Bourse; et s'il a contact avec un agent de change, ce sera toujours au comptant.

Quand il mangera dehors, et seul, il procédera ainsi afin de conserver la dignité de son estomac : Il prendra peu de potage, mais il le faut excellent. Le potage n'est que la soupe de ville ; la soupe endimanchée. La soupe est la nourriture des campagnes, et constitue tout le repas du paysan. Mais lorsqu'on dîne sérieusement on peut supprimer ce préjugé national.

Comme relevé il demandera du turbot. Le turbot est le roi des poissons, et le poisson de ceux qui aiment le roi. Le légitimiste ne saurait ne pas l'apprécier.

L'homme comme il faut ne mange pas truffé. Le *truffé* date de 1830. Aujourd'hui on mange la truffe. Il demandera donc un perdreau rouge, et, à part, une demi-douzaine de truffes du Périgord à la serviette.

Dans le perdreau truffé, la chair imprégnée de l'arome de la truffe a perdu de son goût originaire, et la truffe a subi une déperdition de parfum qui la rend insapide. C'est une fusion que doit repousser tout légitimiste de goût.

Tandis que servi comme l'indique ce manuel, le perdreau reste le perdreau ; sa viande estriche de tous ses sucs; et la truffe immaculée, sous la dent triturante, a des éclats ambrosiaques qui mettent le palais en fête.

Le dîneur arrosera ce rôti d'un médoc transatlantique, le seul vin que la truffe admette.

Après ce plat en partie double, il fera servir une bisque.

Je vois d'ici le lecteur sourire et s'écrier :

— De la bisque !... un potage au milieu du repas !... mais il est insensé !...

Non, lecteur futile, mangeur irréfléchi, vous qui ne savez que vous soumettre aux routines

des cuisiniers du jour, non, je ne suis pas un insensé.

Ah! si vous saviez combien le gastronome
intelligent, le gourmet qui raisonne souffre souvent des erreurs que l'on propage à plaisir!...
N'avons-nous pas vu, ces derniers temps, un
homme qui se dit légitimiste, M. de Villemessant,
nous faire un cours de cuisine, et nous vanter les
haricots rouges et la soupe au potiron!... O vous
qui ne savez pas manger, qui abusez de votre
esprit pour induire les estomacs en erreur, non,
vous n'êtes pas légitimiste!...

Un légitimiste qui ne voit rien au delà du vin
de Champagne, ce coco épileptique, disait Mur-
ger, un légitimiste cet homme qui déjeune!..
Fi donc!

Monsieur de Villemessant, un légitimiste dîne;
mais déjeuner, jamais!...

Et dans mon prochain manuel je vous dirai les
mœurs de celui qui déjeune, et vous rougirez!...

Ce faux maître queux aplati, reprenons avec
sérénité la suite de cette étude.

Le légitimiste demande donc une bisque. Ce

potage qui, au fond, n'en est pas un, est d'habitude absorbé au commencement du repas. Vous figurez-vous cet estomac vide dans lequel tombe ce liquide excitant, où le poivre de Cayenne domine. Il est échaudé et se ferme aussitôt. Tandis que lorsqu'il a une forte couche d'aliments, qu'il est prévenu par les diverses absorptions préliminaires, cette bisque arrosant la masse, la cimente, l'échauffe et la prépare à la digestion. C'est une crème non écœurante, mais apéritive. A ce moment tous les vins peuvent venir sur la table, ils seront les bienvenus.

Le parfait légitimiste se conformera à ce menu et s'en trouvera parfaitement.

Au dessert, il repoussera le fromage. Brillat-Savarin a écrit cette énormité: « Un dessert sans fromage est une belle femme à laquelle il manque un œil. »

Eh bien, c'est faux. Le malheureux qui mange du fromage a encore faim ; il n'a donc pas bien dîné.

L'action de manger du fromage est chez un convive la critique la plus mordante du repas auquel il vient de prendre part.

M. de Villemessant mange du fromage, j'en suis sûr, et le matin, encore !

Le légitimiste viveur ne fréquentera jamais l'ortolan. Ce moineau graisseux n'est pas digne de sa table. Mais lorsqu'il soupera avec une femme, au cabaret, il pourra en faire servir pour elle.

En ces circonstances le vin de Champagne est excusable ; on ne peut même pas manger l'ortolan sans son auxiliaire. Avec du médoc c'est tout au plus si vous pourrez absorber deux de ces volatiles obèses, mais avec l'aï de M. de Villemessant, — pauvre homme !... — Vous ne reculerez pas devant la demi-douzaine.—L'homme comme il faut boit le vin de Champagne dans un verre mousseline ; le verre effilé ne sert qu'aux banquets d'anciens militaires ; la coupe est pour les imbéciles.

Voici comment madame mangera l'ortolan.

Elle enlèvera l'arrière-train, cuisses et croupion ensemble, et les croquera d'une bouchée. C'est la seule partie délicate de ce dodu minuscule.

Si elle est gourmande, elle pourra attaquer le reste, mais avec coquetterie. Pour cela, elle le prendra par le bec et le plongera dans sa petite bouche. Là, sa langue rose se livrera à un travail des plus habiles. On sentira au souple mouvement des lèvres tout ce qu'il y a de savoir-faire et de chatterie à l'intérieur. Elle ne mordra pas la chair, la caressera du palais, lui donnera comme des baisers en dedans. Tous les sucs de la petite bête en jailliront, seront absorbés, et lorsque ce sera fini, elle n'en retirera qu'une carcasse molle, épuisée. La chair des ailes de l'ortolan est la même que celle du moineau, elle est noire et coriace. On ne l'avale pas.

Quand la belle pécheresse aura de la sorte dépouillé trois ou quatre ortolans, le légitimiste comprendra si elle est digne d'être sa convive pour les nuits suivantes.

Il serait bon que le légitimiste ne fumât pas. Le cigare ne sied pas au parfait gentilhomme. Si cependant il était atteint de ce signe de dégénérescence, il en usera très-modérément. Seulement, après le repas du soir; et il laissera le cigare lorsque la combustion en aura cinéré le tiers.

Dans l'intérêt de la cause, il pourra laisser approcher quelques journalistes bien pensants. Cependant, quand il tendra la main, il ne leur abandonnera qu'un doigt.

La main entière n'appartient qu'à ses pairs.

Il ne connaîtra jamais de comédiens. Mais, quand il en rencontrera de très-laids, sur le boulevard, ce qui n'est pas rare, il aura le droit de les arrêter un instant pour se faire rire. Le rire, employé à certaines heures, est un excellent apéritif.

Il aura toujours des bonbons pour les jeunes et jolies actrices sans distinction de talent. — Quand il sera un tantinet gris il devra envelopper ces bonbons de billets de banque neufs et bien propres.

Il portera des vêtements de bon goût, nuances foncées, jamais neufs, jamais vieux. Peu de bijoux. Dans la poche de son gilet un chronomètre de cent louis, et pour l'attacher une toute petite chaîne, un cheveu d'or. Au petit doigt une bague où il y aura tout au plus cinq francs d'or, et à cette bague un brillant de mille écus.

Tout le monde peut avoir de belles chemises, le légitimiste seul aura du linge. — Je voudrais qu'il eût aussi toujours des bas de soie; la situation n'est qu'un interrègne. Le Roy peut revenir à chaque instant sur le trône. Le légitimiste doit être toujours prêt à aller à la cour. Habituez-vous au bas de soie.

Il ne portera pas de verni; il laissera cela à ses chevaux et à ceux qui s'habillent le dimanche. Il se chaussera de veau de Bordeaux l'hiver, et, l'été, de chevreau.

Pour le légitimiste il y a deux genres de ton à choisir selon son tempérament.

Premier ton :

Une politesse excessive. N'importe la position de la personne avec laquelle il s'entretiendra, toujours le chapeau à la main. Un sourire doux et protecteur sur les lèvres. Pas d'obséquiosité dans la phrase, pas de sécheresse dans les mots, mais une urbanité et une aisance de formes toujours égales.

Ce sera le légitimiste à rhumes de cerveau.

Second ton :

Le légitimiste hautain, impérieux, ayant peut-être trop conscience de sa race.

L'orsqu'il s'adressera à des inférieurs, des commerçants, des artisans, des boutiquiers, il évitera de dire : *monsieur* ou *madame*. Ce sera *mon ami* ou ma *bonne amie*, ma *chère*, et enfin, dernier degré, ma *pauvre amie*.

Quand ces gens-là auront à venir chez lui, soit pour vendre, acheter, ou toucher de l'argent, il oubliera de les faire asseoir.

Si c'est à son château, que l'on ait fait une longue route, que l'on soit altéré, il offrira, non pas à prendre quelque chose, mais à *boire*, et encore à l'office.

Tout ce qui ne sera pas bien pensant, ni noble, fût-on millionnaire, sera à ses yeux des gens du *commun*.

On ne les recevra pas ; ce sera déjà trop de les rencontrer à l'église.

Lorsqu'il aura à écrire à ses fournisseurs il se préoccupera très-peu de leur nom. Qu'est-ce que cela lui fera, leur nom! Il n'a pas à le connaître. Pourvu qu'il sache leur état cela suffit.

Voici des modèles d'adresse et comme il les écrira :

A mon tailleur,

Rue Richelieu, 28,

Paris.

A mon bottier,

boulevard des Italiens, 11,

Paris.

Ce qu'il y a de certain, c'est que ces lettres, adressées de la sorte, arriveront très-bien.

CONSEIL AU LÉGITIMISTE AFFAIBLI.

Le légitimiste, si parfait qu'il soit, n'est pas de fer. Il ne faut pas qu'il abuse de nuits sans sommeil, à la Maison d'or, avec de charmants convives qui sucent si bien les ortolans.

Il y a quelques années, je dînais quelquefois au Palais-Royal, chez Douix. On mangeait encore au Palais-Royal à cette époque.

Et je le dis, non sans un peu de vanité, le vieux Douix, un homme des plus aimables, m'avait remarqué. Nous causions souvent, non politique et littérature, mais de son art.

Il avait été cuisinier chez un personnage qui avait toute raison pour être un parfait légitimiste, car ce n'était rien moins que Charles X.

Charles X qui, sous le nom de comte d'Artois, fut le premier gentilhomme de son temps, sentit sur ses vieux jours un peu de défaillance dans ses organes.

Douix vint à son secours, et voici comment : Tous les matins il choisissait un magnifique chapon bien en chair, même un dindonneau, et en enlevait les quatre membres. Il plaçait ces quatre membres dans une casserole, avec un bon verre de vin de Barsac, un beau bouquet frais où dominait le cerfeuil, et mouillait d'un excellent bouillon de bœuf. Il laissait réduire pendant quatre ou cinq heures ; et, lorsqu'il ne restait plus de la réduction que la valeur d'une tasse, c'était d'un lié, non pas purée, mais presque sorbet. Vers dix heures il envoyait cette gelée à Charles X qui l'absorbait avant de se présenter au conseil des ministres. Ce succulent coulis lui rendait son estomac de jeunesse et lui permettait d'attendre le déjeuner. Aussi, Charles X, depuis cette attention de Douix, se portait-il à merveille. Mais, si réconfortant que fût ce bouillon, il n'empêcha pas sa santé politique de s'ébranler.

Et un matin de 1830, comme Douix se présentait avec sa tasse, il ne trouva plus personne. Le roi était parti pour Rambouillet, — mais non pour y chasser.

Alors Douix pensa un peu à lui-même et ingurgita le bouillon du roi.

— Je ne rentrai pas de deux nuits, me disait-il en me racontant l'aventure.

Mais Douix était jeune à cette époque, et si nous recommandons cette réduction au parfait légitimiste nous l'engageons fortement à rentrer chez lui.

Plus tard, je parlai de ce bouillon à madame Douix, une des belles femmes de Paris, on s'en souvient.

— Oh ! c'est souverain !... me disait-elle avec conviction.

LE LÉGITIMISTE PAUVRE.

Sa famille habitera un petit castel du Périgord. Cette châtellenie de médiocre étendue ne produira presque rien ; il n'y aura, en fait de revenu, que le bois, culture qui ne demande aucun soin ni aucun savoir.

Lui, habitera Paris, et comme son nom défend d'avoir recours au commerce et à l'industrie, il sera très-pauvre. Cependant, par un compromis excusable en considération de son état pénurieux, il occupera un modeste emploi dans une administration du gouvernement existant.

Il fera partie de la Société de Saint-Vincent-de-Paul, et aussi de celle de Saint-François-Régis.

Il déjeunera de très-peu. Un petit pain avec une saucisse l'hiver ; l'été, il remplacera la saucisse par un raisin. Il dînera à une table d'hôte du quartier des Ecoles, où le maigre sera observé les vendredis, aux Quatre-Temps et Vigile.

Sa mise sera forcément très-simple ; mais il conservera toujours un vêtement irréprochable pour se présenter dans le monde, dont les portes lui seront toujours ouvertes.

Et il fera part à sa famille des diverses impressions qu'il en éprouvera.

« A Monsieur le marquis de X..., au château de la-Grand'Mare, près Périgueux.

« Mon cher père,

« J'ai relu plusieurs fois votre dernière lettre tant j'étais heureux des excellents conseils que vous me prodiguez. Je ferai tous mes efforts pour rester toujours dans la voie que vous me cessez de m'indiquer, et, par ma conduite, je compte sur l'aide de mon bon ange gardien.

« Je me suis empressé d'aller faire visite au chevalier de Goursac, et lui ai communiqué le passage de votre lettre le concernant. Il m'a promis son appui, et m'a assuré que mes visites lui feraient toujours plaisir. C'est un homme charmant; il s'est enquis avec intérêt de mon existence à Paris, et m'a demandé si j'avais un bon confesseur ; car il paraît que le sien est excellent, et, si j'en avais eu besoin, il me l'aurait offert de grand cœur.

« Mon chef de bureau, qui est de la Société de Saint-François-Régis, m'a annoncé qu'en janvier prochain je serai augmenté de trois cents francs. Cela portera mes appointements à dix-huit cents; ce n'est pas une fortune, mais, avec l'aide et la protection de Marie, on peut vivre honorablement. Comme, dans cette augmentation, le bon vouloir de mon chef de bureau est pour beaucoup, je serais flatté que vous lui adressiez un petit mot de remercîments. Il n'est pas noble, mais quoique cela ce n'est pas un mauvais homme. Voici son nom : Monsieur Rapaille.

« Je ne saurais passer sous silence la dernière soirée à laquelle j'ai assisté chez la comtesse de Beaulac. On n'y a pas dansé ; c'était entre intimes. Cette circonstance a peut-être contrarié un instant mademoiselle Jeanne, sa gracieuse fille ; mais quelle agréable compensation nous était réservée à tous !... En effet, cette soirée simplement de causerie a permis à l'abbé Boulotte d'y assister quelques instants. Quel homme aimable, quel charmant causeur, ce digne ecclésiastique !... Je n'ai pas encore eu le bonheur de l'entendre en chaire, mais je suis bien sûr que son éloquence sacrée doit agir puissamment sur les âmes !

« Madame de Beaulac, c'est une petite indiscrétion dont je me rends peut-être coupable, madame de Beaulac espère beaucoup, par les soins de l'abbé Véchambre, secrétaire de Monseigneur, obtenir pour lui, ce carême, une chaire à Saint-Nicolas-du-Chardonnet. Que d'édifiantes soirées cela me procurera, et combien, ma chère mère, je m'appliquerai à retenir la substance de ses sermons pour vous envoyer un résumé bien imparfait, mais fidèle.

« Revenons à la soirée de madame de Beaulac. L'abbé Boulotte arrivait de Frosdhorf. Sa visite nous a donc valu une conférence dont vous devez apprécier tout l'intérêt. Ces dames en l'écoutant avaient presque les larmes aux yeux. On en oubliait l'heure.

« Ainsi il a été reçu par le comte de Chambord avec cette affabilité, cet intérêt, cette simplicité qui ne peut émaner que d'un petit-fils de l'oint du Seigneur. Il lui a accordé au moins vingt minutes d'entretien. C'est beaucoup pour un prince.. Il lui a parlé de presque tous les amis politiques. Les noms sont familiers à sa mémoire. Il nous connaît tous!...

« Le belle mademoiselle Jeanne ne regrettait plus la valse, je vous assure. C'est une jeune personne si sensée, si pieuse, si aimable. Quelle sainte mère de famille pour l'avenir !...

« Pendant deux heures l'abbé Boulotte nous a parlé d'Henri V, et, pendant deux heures encore, nous l'aurions écouté; mais il se faisait tard; et, en sa qualité de prêtre, il ne pouvait prolonger sa visite au delà de minuit.

« Il prit donc congé. J'eus la faveur de l'accompagner; j'en étais fier; et comme les faveurs amènent les faveurs, je reçus, en quittant le salon, un aimable sourire de mademoiselle Jeanne. Heureux celui qui en fera sa compagne !

« La simplicité est le fait des grands caractères. En voici une preuve charmante. Si vous aviez vu avec quelle bienveillante affabilité l'abbé Boulotte, lorsque nous nous trouvâmes au bas de l'escalier, souriait aux domestiques. Il leur disait : « Mes bons amis. » Tous l'entouraient avec joie et respect. Ils comprenaient le trésor de charité que renferme ce cœur. Et comme ils ont été heureux, reconnaissants, lorsqu'ils ont entendu ces bonnes paroles :

« —Mes bons amis, je trouverai un instant dans la journée ; je viendrai auprès de vous, pour vous seuls, et je vous parlerai de Lui.

« Ces braves gens ont été dans le ravissement en recevant cette bonne promesse. Car c'est dans ces maisons bien pensantes que l'on retrouve le vrai peuple simple, honnête, soumis, dévoué et n'aspirant qu'à une seule instruction, celle que la Religion prodigue à ses enfants.

« En dehors de cette excellente soirée, j'ai eu

peu de distractions cette semaine. Cependant mon chef de bureau qui m'aime beaucoup, — il est de la Société de Saint-Vincent-de-Paul, — m'a donné une place pour l'Opéra. On représentait une œuvre de Meyerbeer, le *Prophète*, je crois, car j'attache peu d'importance à ces productions seulement mondaines. Et puis la composition de cette salle était chose si triste. Très-peu de noms, mais des financiers, des hommes de bourse, des industriels, des favoris du gouvernement, des femmes mises à faire baisser les yeux. Mademoiselle Jeanne s'habille si modestement !

« On m'a montré M. de Villemessant ; c'est un bien bel homme. M. de Villemessant est directeur d'un journal que vous ne connaissez pas, mais qui défend la bonne cause. Cependant je ne le lis pas, d'abord parce qu'il coûte trois sous, et ensuite parce que l'on sent que ces rédacteurs qui prêchent ne pratiquent pas.

« Combien étaient meilleurs les moments que j'ai passés l'autre soir à Notre-Dame, en écoutant une brillante conférence du père Hyacinthe. Non, ce n'est pas seulement du talent, ni même du savoir, c'est le génie qu'inspire la foi !

« Quelle parole douce, vibrante et pénétrante
dans les cœurs !... Et quelle belle assistance !...
Les hommes en majorité ! Et quels hommes !...
Des célébrités du barreau, des ministres, des
savants, des auteurs éminents... On m'a montré
M. Veuillot !... Oui, ma mère, dis-le à M. le curé,
j'ai vu M. Veuillot !...

« Ah ! j'aurais bien donné pour que le terrible
esprit fort.M. Vigé, le rédacteur rouge du *Libre-
Penseur de la Dordogne*, se fût trouvé là !...
Comme il aurait été aplati, confondu !...

« Il faut le reconnaître aussi, le père Hyacinthe a des arguments d'un irrésistible à renverser
sur l'heure une armée de philosophes. Tout le
monde en était électrisé. Pauvre M. Vigé, ver de
terre ; mais, deux arguments de la force de ceux
qu'emploie le père Hyacinthe vous écraseraient,
en une seconde, comme un pou entre deux
ongles !...

« J'eus l'avantage, à la sortie, de rencontrer
madame de Beaulac et de la saluer. Elle était en
la compagnie de la chanoinesse, cette sainte
chanoinesse qui, malgré son âge, ne manque

pas un sermon du célèbre père. Mademoiselle
Jeanne ne se trouvait pas avec sa mère, et l'abbé
Boulotte m'apprit qu'elle était légèrement indis-
posée. Oh! la maladie est quelquefois bien
cruelle... surtout lorsqu'elle vous prive de consolations aussi douces que celles que l'on reçoit
de la chaire de vérité !

«M. Boulotte espère décider le père Hyacinthe
à accepter une invitation à dîner chez madame
de Beaulac. Il y aura certainement une sélection
d'invités. Aussi, vais-je prier Dieu de ne pas
être oublié.

« Je suis avec bonheur, mon cher père et ma
chère mère, votre fils respectueux et soumis, et
je prie Dieu qu'il vous conserve en bonne santé.

« Je vous salue humblement.

« Comte Exupère de X... »

Le père répondra :

« *A monsieur le comte Exupère de X..., hôtel Bossuet, rue de Grenelle-Saint-Germain, Paris.*

« La Grand'mare, ce... septembre 18...

« Mon fils,

«Nous avons reçu votre lettre, laquelle nous a causé un grand plaisir à votre mère et à moi. Vous avez bien fait d'aller faire visite au chevalier de Goursac ; c'est un digne gentilhomme, et si vous êtes assez heureux pour recevoir des conseils de lui, vous devez les suivre ponctuellement.

«Je ne suis pas de votre avis au sujet du monsieur dont vous nous entretenez. Pour cent écus d'augmentation je ne me crois pas obligé d'écrire à ce M. Ripaille ou Racaille que je ne connais pas. Je n'ai aucune relation à avoir avec les gens qui font partie d'un gouvernement qui, à nos yeux, n'en est pas un.

« Moi aussi, lorsque j'étais à Paris, je suis allé quelquefois à l'Opéra, et je doute qu'aujourd'hui il ait conservé de sa splendeur d'alors. Il y avait à cette époque madame Bigotini. Elle doit être un peu âgée aujourd'hui, et je ne sais même pas si elle est encore à l'Opéra. Mais ce qu'il y a de certain, c'est qu'elle n'a pas été remplacée.

« L'augmentation de cent écus dont vous nous parlez nous laisse d'autant plus indifférents, que je ne doute pas que vous ne trouviez bientôt une riche héritière que nous pourrons introduire dans la famille. Vous revenez plusieurs fois sur la personne que vous nommez mademoiselle Jeanne. Nous avons pris des informations; cette jeune personne pourra avoir, sans compter les espérances, trois ou quatre cent mille francs de dot. Avec cette somme vous pourriez vivre modestement à Paris. Si elle vous convient assez, nous vous autorisons à adresser votre demande à sa mère. Ce sera certainement un honneur qui flattera cette famille, car votre nom est bien au-dessus de celui des Beaulac.

« D'ailleurs, je vais en écrire au chevalier de Goursac, et si cette union ne vous agréait pas, il vous trouvera dans le faubourg Saint-Germain un autre parti plus avantageux. Madame votre mère tient essentiellement à ce que vous vous unissiez à une personne très-pieuse.

« Nous avons lu dans l'*Union* le résumé d'une conférence du père Hyacinthe ; cela est fort remarquable. Cet homme est la gloire du catholicisme. M. Veuillot l'apprécie à sa juste valeur, et l'appréciation de cet excellent journaliste est un *criterium* indiscutable. Avec de pareils auxiliaires la légitimité ne s'éteindra jamais.

« Mademoiselle de la Cornerie est décédée il y a deux mois. C'est un grand deuil pour le pays. La noblesse qui se réunissait chez elle est un peu en désarroi depuis cet événement. J'y faisais ma partie de reversi deux fois par semaine.

« Sa propriété a été vendue. C'est un entrepreneur enrichi qui l'a achetée. Et c'est un scandale pour le pays de voir cet homme de rien faire bâtir un magnifique château à la place de l'ancienne maison qu'il a fait abattre. Aussi personne ne veut le voir. Il vit tout seul comme un ours. Les enfants se moquent même de lui. Le dimanche il vient de la ville quelques-uns de ses pareils, et cela mange ensemble. Quel monde, mon Dieu!... Et quelle est la société qui enrichit de semblables gens!...

« Les récoltes sont mauvaises; nous avons peu de châtaignes; et il y a beaucoup de pauvres dans la paroisse; comme toujours nous ne donnons qu'à ceux que le curé nous signale. On ne doit pas encourager la paresse et entretenir la canaille. -

« Mon fils, votre mère et moi vous embrassons de tout notre cœur.

« Marquis de X... »

« A monsieur le marquis de X..., au château de la Grand'Mare, près Périgueux.

« Mon cher père,

« Votre lettre m'a rempli de joie; mais cette joie a été un peu obscurcie par la triste nouvelle concernant cette excellente mademoiselle de la Cornerie. J'ai appris cette perte à l'excellent abbé Boulotte qui a dû dire une messe à son intention.

« Vous l'avez compris, mes chers parents, j'ai éprouvé un doux penchant pour mademoiselle Jeanne de Beaulac; mais il faut l'oublier, et mon cœur doit se taire. Mademoiselle de Beaulac épouse le duc de Brignancourt; c'est un excellent parti; le duc est millionnaire.

« Vous faites erreur, peut-être, mon cher père, en croyant que mon nom m'autorise à choisir des héritières. Hélas! je suis un nom pauvre, et l'on en rencontre beaucoup ainsi dans les salons du faubourg. Aujourd'hui, mon père, je rougis de vous le dire, les grands noms pauvres ne trouvent, en fait de fortune, que des femmes légères devenues riches, ou des actrices en renom. Ces femmes s'anoblissent par le nom de leur mari, mais en revanche le mari se déconsidère et se déshonore par l'alliance de la femme que tout le monde a enrichie. Je préfère me marier honorablement, et, grâce à l'abbé Boulotte, je crois que je vais accomplir ce grand acte social.

« L'abbé Boulotte a deux nièces orphelines depuis peu. Elles vivent bien simplement du revenu d'un très-petit capital que leur a laissé leur père, honorable négociant d'Altkirch, en Alsace.

« Elles ont hérité chacune de vingt mille francs. Mais la cadette est atteinte d'une phthisie pulmonaire qui va l'emporter cet automne. Qu'il est triste de mourir si jeune!... Mais aussi, quelle consolation suprême d'être sûre d'aller dans le sein de Dieu. C'est le cas de la pauvre mademoiselle Véronique.

« Mademoiselle Véronique morte, sa sœur, mademoiselle Félicité, sera à la tête du capital entier, des quarante mille francs. C'est mademoiselle Félicité que j'ai l'intention d'épouser. Je lui porterai un beau nom, mais elle m'introduira, elle, dans une famille modèle, où, à part l'abbé Boulotte, on compte trois ecclésiastiques.

« Avec mes appointements qui seront certainement portés à deux mille, cela nous fera un petit revenu de quatre mille francs. L'abbé Boulotte est certainement jeune encore; mais il est si bon qu'il laissera, le jour de sa mort, à sa nièce tout ce qu'il n'aura pas distribué aux pauvres. Cela me créera une petite existence, et si le ciel bénit mes efforts, nous aurons des enfants qui feront la joie de mon foyer.

« J'espère, mes chers parents, que vous ne refuserez pas votre assentiment à cette union.

« C'est le père Hyacinthe qui bénira le mariage de mademoiselle Jeanne.

« Une bonne nouvelle. L'abbé Boulotte m'a fait obtenir le scapulaire bleu. Très-peu de personnes le portent en France. Cet ordre a été institué par la bienheureuse Ursule Benincasa, vers la fin du XVIIe siècle. Il se porte comme le scapulaire noir, mais donne droit à bien des indulgences.

« Mon père et ma chère mère, votre fils soumis et respectueux vous salue du fond de son cœur.

« Comte Exupère de X... »

Le père du légitimiste pauvre ne répondra pas à cette lettre.

DÉPUTÉ.

Il est bon que le légitimiste actif devienne député.

Le légitimiste député forme trois catégories :

Le couteau à papier.

L'interrupteur.

Le parleur.

Et le parleur se subdivise encore en deux physionomies. Celui qui parle de sa place et celui qui monte à la tribune.

Celui qui monte à la tribune lit ordinairement son discours, et, à l'issue de la séance, court à l'imprimerie revoir les épreuves.

Il monte à la tribune pour :

Demander des prières publiques.

Défendre le clergé.

Dénoncer des brochures immorales et subversives.

Faire l'apologie de l'instruction cléricale.

Donner des nouvelles du comte de Chambord et du Saint-Père.

Tous les députés légitimistes ne sont pas gentilshommes. Beaucoup ne se conduisent pas selon les lois de ce manuel. C'est fort regrettable. Mais ils doivent se corriger.

J'en connais un qui, tous les soirs d'Opéra, vers minuit, mange de la soupe à l'oignon dans un café du quartier Drouot. Pouah !... Certainement il ne sort pas de la cuisse de Charles X, celui-là !...

Et, s'il veut se repentir, je le renvoie au cha-
pitre qui traite de la manière de fréquenter les
ortolans.

Le légitimiste avide de gloire, écrira une brochure. La brochure écrite il s'occupera de la pu-
blication. Il ne faut pas qu'il rêve de vente de
manuscrit ; il y a assez d'illusions dans ce parti,
pour qu'il puisse se passer de celle-là. Il s'adressera à l'éditeur Dentu.

Lorsqu'il pénétrera dans la boutique de ce li-
braire célèbre, il aura soin de dissimuler son
manuscrit dans sa plus grande poche, afin que
M. Sauvet, l'*alter ego* du chef de la maison, le
prenne pour un acheteur et lui adresse son plus
doux sourire.

— Monsieur Dentu ?

— Il est bien occupé, en ce moment.

— J'attendrai. Je suis député !

— Ah ! c'est différent, veuillez vous donner la
peine de monter.

Le député légitimiste qui fera une brochure

aura soin de ne pas être trop gros. Car alors il lui serait impossible de passer par le petit escalier qui conduit au cabinet de M. Dentu. M. Dentu, lui-même, n'étant pas fluet, le descend avec peine.

S'il fait chaud, il trouvera M. Dentu en bras de chemise ; s'il fait froid, il trouvera M. Dentu grelottant.

Il déclinera sa qualité.

Si c'est en été, M. Dentu remettra à la hâte son alpaga, si c'est en hiver, il s'excusera de n'avoir pas de feu.

Le député légitimiste ne s'étonnera point de ne pas apercevoir de siéges. Mais, M. Dentu le priera de s'asseoir sur un ballot de librairie, un formidable retour de brochures bonapartistes.

S'il sait que le député est de la droite, il le lui fera finement remarquer.

Le légitimiste trouvera l'éditeur charmant, et celui-ci de même, car le légitimiste consentira à faire les frais de sa brochure.

Le jour de la mise en vente, le député aura la fièvre ; il s'arrêtera à tous les étalages de librairie pour voir si la brochure s'y trouve. S'il ne la voit pas, il prendra une voiture et courra chez l'éditeur. Ce jour-là, M. Dentu aura soin de se tenir blotti dans sa maison d'Auteuil.

Seulement, six mois ou un an après, lorsqu'il demandera le chiffre des bénéfices, il aura le loisir, non pas de s'asseoir, mais encore de s'étendre sur les ballots de retour dont sa brochure sera le contenu.

— Cela n'a donc pas marché, monsieur Dentu ?

— Modestement. Le nom n'est pas assez connu, et les journaux...

— Comment les journaux !... Mais l'*Echo de la Baïse*, l'organe légitimiste de mon arrondissement, l'a presque toute citée !

— Voilà bien le mal. Tout le monde l'a lue dans l'*Echo de la Baïse*, ce qui a dispensé de l'acheter.

— Et sur combien suis-je assis-là ?

— Dam, à l'exception de ceux que vous avez pris pour distribuer à vos collègues, à peu près toute l'édition. Vendons cela, si vous voulez.

— Et à qui ? demande le député dont la physionomie s'éclaire à cette lueur d'espoir.

— A personne. Au papier. Il y en a à peu près quatre cent kilos, le papier est beau, nous en retirerons bien 35 à 40 francs les cent kilos.

Le légitimiste député traversera la galerie d'Orléans un peu découragé dans ses rêves de gloire ; mais la pensée de l'*Echo de la Baïse* le consolera.

A l'heure des réélections, le bon journal des localités en exploitation dira, lorsqu'il parlera du couteau à papier : « Le plus honnête homme de la chambre ; une voix fidèle. »

L'interrupteur sera : « Le plus vaillant lutteur. »

Le discours : « La terreur du cabinet. »

Le couteau à papier donnera force dîners.

L'interrupteur acceptera quelques invitations. Le discours restera digne.

Le candidat légitimiste fera faire par des rapins de bonnes mœurs, et dans les prix doux, des copies de tableaux religieux, qu'il offrira aux paroisses de son arrondissement.

Dans son intérieur le député sera solennel. Il aura un cabinet inviolable.

Et, lorsqu'on viendra pour le voir, le domestique devra répondre invariablement :

— Monsieur travaille.

Puis, quand, le soir, viendra le moment de se coucher, il dira à sa femme en l'embrassant :

— J'ai beaucoup à travailler.

Cela excusera cette fatale indifférence que l'âge apporte dans les allures de l'homme politique marié.

Madame se consolera dans l'espoir que son mari devienne un jour ministre.

LE LÉGITIMISTE BOULEVARDIER.

Celui-là ne me plaît pas beaucoup. Je le crois un peu dévoyé. Il ne donne pas un bon exemple, et son existence du dehors ferait supposer qu'il s'éloigne quelque peu de la famille.

En effet, à un certain âge, un homme comme il faut ne doit pas fréquenter les cafés, ni dîner tous les jours au restaurant. C'est un symptôme d'égoïsme très-regrettable chez un personnage qui défend la bonne cause.

Le légitimiste boulevardier serre forcément la main à bien des gens; c'est déjà un tort. Enfin, prenons-le comme il est.

Il n'est pas jeune. En 1830 il était dans les

gardes du corps ou dans les pages. Il y a beaucoup du militaire dans son allure et sa mise. Il
est toujours de bonne humeur et ne se passionne
pas par les articles de M. Janicot.

Sa promenade est limitée par le faubourg
Montmartre et la Chaussée-d'Antin. Lorsqu'il se
sent fatigué il s'assied sur un fauteuil de l'usine
Tronchon.

Il dîne de bonne heure chez Bonnefoy, mais
dans des conditions déplorables, avec une de-
mi-bouteille de vin. S'il buvait plus, il se connaît, il crierait : Vive le roi!... et cela ferait
scandale.

Les légitimistes réguliers discutent la républi-
que, le boulevardier la méprise.

Lorsqu'il revient sur le boulevard, à toutes les
femmes seules qu'il rencontre, il a le soin, la
bouche en cœur, de dire, sans variante, la même
phrase, ou mieux, le même mot :

— La reine du bal.

La femme sourit ; et, si elle le reconnaît, elle

lui envoie une réplique que nous ne pouvons insérer ici. Le légitimiste boulevardier feint de ne pas entendre.

Lorsqu'il rencontre un vieil ami bien disposé, ils vont au théâtre ensemble, là où il y a des jambes. Le légitimiste apprécie d'autant plus les jambes, qu'il a la prétention de l'avoir très-bien faite.

Nous disons d'un beau jeune homme : « C'est un très-beau garçon. » Le légitimiste, lui, dit : « Il est très-bien fait. » Souvenir de jambes.

Lorsqu'il est onze heures, il songe à quitter son boulevard, non pour se coucher, mais pour aller au cercle. Le boulevardier a le grand tort de se coucher tard. Il en arrive qu'il se lève de même, et manque quelquefois la messe, le dimanche.

Le légitimiste du boulevard est bien exposé aux demandes d'argent. Mais, sa qualité de boulevardier le rend très-circonspect, et à ce propos, il n'a pas besoin de nos conseils.

Nous pouvons cependant lui indiquer une recette pour se faire une réputation d'homme généreux, et cela sans risquer un louis.

Cette recette, la voici sous forme d'anecdote :

Le vicomte de L..., qui m'a raconté l'aventure, se rendit un matin chez le comte de X..., lequel lui avait fait mainte fois des protestations d'amitié et même des offres de service.

Il fut reçu le plus affectueusement du monde.

— Quel bon vent vous amène, mon cher ami ?

— Ma foi, je vais vous le dire tout de suite. Je viens vous demander un service.

— Ah ! c'est bien aimable à vous.

— J'ai besoin pour ce soir de cinquante louis.

— C'est une misère. Vous déjeunez avec moi, n'est-ce pas ?

— On ne saurait vous refuser.

On se mit à table ; le comte fut charmant, et le vicomte, avec la satisfaction de l'emprunteur qui a réussi, mangea d'excellent appétit.

On venait de prendre le café.

— Eh bien, mon cher ami, si vous le voulez bien, nous allons passer dans mon cabinet pour nous occuper de votre petite affaire.

On passa dans le cabinet.

— Vous dites donc que vous avez besoin de mille francs.

— Oui, je vous les remettrai la semaine prochaine.

— Oh! il n'est pas question de cela. Mille francs vous suffisent?

— Vous êtes trop aimable, mais je n'ai besoin que de cette somme.

Le comte prit dans un casier un grand livre et l'ouvrit.

— Ah! vous n'êtes pas le premier qui me demandez pareil service. Ainsi j'ai l'habitude d'inscrire toutes les demandes que l'on m'adresse. Voyez toutes ces listes.

— Ah! mon Dieu, mais vous n'avez jamais rien perdu, au moins?

— Jamais un sou. Tenez, le baron avec qui

vous étiez hier soir, le voici inscrit pour trois mille. Le chevalier de Goursac cinq mille. Mais, ce serait indiscret d'en nommer d'autres. Nous disons donc mille francs.

Et le comte inscrivit au nom du vicomte de L... la somme de cinquante louis. Puis, il referma le livre. Et, se retournant vers son convive, il lui dit :

— Avec vos mille francs d'aujourd'hui, savez-vous ce que l'on m'a demandé depuis environ dix ans.

— Beaucoup, je le suppose.

— Près de quinze cent mille francs.

— Ah! mon Dieu!... Et cela ne vous a pas gêné?

— Pas le moins du monde. Et voici pourquoi. C'est que je n'ai jamais lâché un sou. Et je m'en applaudis tous les jours; car, il est certain que, sur ces quinze cent mille francs, j'aurais bien perdu cinq cent mille francs. Je le vois par mes amis qui ont été moins bien avisés que moi.

— Alors, ces mille francs que vous venez d'inscrire à mon nom... fit le vicomte ahuri.

— Ces mille francs grossissent le nombre des demandes qui m'ont été adressées ; voilà tout.

— Et vous ne me les donnez pas ?

— Je m'en garderais bien !...   .   .   .   .

.   .   .   .

Et, le soir, assis à la porte du café Riche, le comte de X... disait à son voisin :

— Ah ! voilà là-bas le vicomte de L...; il paraît préoccupé ; cela m'étonne, car il est venu me demander, ce matin, mille francs que je me suis empressé de porter à son compte.

JOURNALIST

Le légitimiste journaliste n'est pas jeune. Et
ce serait à tort qu'on le confondrait avec ces
écrivains, qui, selon le vent politique, s'éveillent
un matin légitimistes. Leur conviction est dou-
teuse ; ils ont des tentatives d'esprit, voilà tout.
La maison est riche ; ils s'y plaisent. Et le journaliste religieux, Veuillot, a très-bien dit, à
propos de ces gais *reporters : «* Nous marchons
avec eux, c'est vrai, mais sans les toucher des
coudes. »

Le légitimiste va à son journal comme un
employé qui se rend à son bureau. Ce qui le
distingue de ce dernier, c'est qu'il est grave et
recueilli ; une ample serviette sous le bras le

ferait prendre pour un avocat sur la route du palais.

Il ne connaît que l'article de fond ; le mot pour rire lui est inconnu. Il emploie tous ses efforts à écarter des faits divers les nouvelles imprudentes. Pour les procès scandaleux qui touchent au clergé, il est muet comme un poisson.

Lorsqu'il circule une lettre du comte de Chambord, il la soumet d'abord à la pierre de touche ; et si l'épreuve est satisfaisante, il la publie en *cicero*.

Il fait peu de cas du roman-feuilleton, et ne cultive que le genre ennuyeux. D'ailleurs il dédaigne l'appréciation de la foule, et rarement son journal se vend dans les kiosques.

La rédaction ne lui rapporte pas de sommes fabuleuses, mais, du peu qu'il touche, il sait faire un bon usage.

Nous ne voulons pas dire où le rédacteur du *Figaro* répand les louis qu'il empoche si facilement. C'est un enfant prodigue de la presse ; comment finira-t-il !...

Mais, ce que nous pouvons assurer, c'est que tout l'argent qui sort de la caisse de l'organe légitimiste sert à alimenter le pot-au-feu du journaliste.

En revanche, si le *Figariste* court les chemins de Bade et de Monaco, le légitimiste va de temps en temps se reposer dans un château ami. Il y rencontre des évêques, et la fusion légitimo-cléricale s'y solidifie.

Le journaliste se couche à dix heures. Une fois par semaine, l'hiver, il donne un thé avec une grosse brioche. S'il y a des dames coquettes on invite le brasseur de faits divers et le rédacteur théâtral. Alors on fait de la musique, et un vieux parent chevrote d'une voix pleine de bonnes intentions ce chant de 1815 :

« Si Louis éprouvait des disgrâces nouvelles,
« Armons-nous tous pour le venger... »

Le journaliste légitimiste va rarement au théâtre. Il doit être de l'école Venet, qui rend compte des pièces qu'il n'a pas vues. Car si M. Taconet apprenait que son rédacteur ait assisté à une représentation des *Cent Vierges*, le *Monde* se fermerait aussitôt pour lui.

Aux personnes qui ignorent bien des choses nous apprendrons que le *Monde* est un journal qui navigue dans les eaux de l'*Univers*.

Le rédacteur royaliste ne parlera jamais de littérature, si ce n'est pour en signaler les perfides séductions à l'attention des honnêtes gens. Or, comme ces honnêtes gens sont représentés par de braves gentillâtres de province et quelques simples curés de petite ville, ces modestes foudres ne nuiront pas beaucoup au commerce de MM. Dentu et Lévy.

En revanche, la bibliographie sérieuse sera choyée et s'étendra tout de son long dans les colonnes de la bonne feuille. Il y aura tous les mois un article à propos d'une nouvelle édition de l'ouvrage remarquable de M. X..., sur Louis XVI et Marie-Antoinette; dix-millième variante sur ce thème qui s'use un peu.

Vis-à-vis des confrères d'une couleur contraire, le journaliste légitimiste sera d'une réserve qui touchera aux limites de la niaiserie. Grande preuve de modestie qu'il offrira à sa petite église. Ainsi, lorsqu'on lui parlera de choses mondaines, il feindra d'en ignorer complétement. Il n'aura pas vu la pièce en vogue, il tombera des nues lorsqu'on lui parlera de Capoul, il ignorera l'existence de Mlle Desclée.

Et si on lui demande des détails ou son avis sur le scandale du jour, il écarquillera les yeux comme si on s'informait auprès de lui de la santé du Mikado?

LE LÉGITIMISTE RUINÉ.

Ah ! dam, n'importe à quelle opinion on se rattache, ce n'est pas gai du tout d'être ruiné.

Mais le légitimiste supportera sa misère avec dignité. S'il est si bas qu'il n'ait même plus un modeste intérieur, il habitera une maison meublée du quartier Saint-Sulpice. Le maître du garni aura pour lui des égards et ne le nommera que M. le comte. Ce sera un locataire dont le nom recommandera la maison.

— Nous avons M. le comte de X... qui demeure chez nous depuis dix ans. M. le comte de X..., vous devez certainement le connaître.

Si la personne à qui l'on s'adressera est

franche, elle avouera que c'est la première fois qu'elle en entend parler ; si l'effet désiré par le maître d'hôtel a atteint le but, la personne se bornera à répondre qu'elle connaît *ce nom.*

M. le comte payera très-irrégulièrement, mais il sera si poli, si comme il faut !...

Il aura une existence très-simple. Tous les jours il se rendra à son cabinet de lecture où, moyennant trois francs par mois, il pourra lire tous les journaux. Ce sera pour le jour une économie de chauffage, et de lumière pour le soir.

Lorsqu'il sera fatigué de lire, il caressera le chat de la maison, animal familier qui se plaira à dormir sur le *Constitutionnel* ou les *Débats.* Et le légitimiste fera remarquer finement que cela ne l'étonne pas.

Puis il causera à voix basse avec la maîtresse du cabinet ; il lui dira de jolies choses si elle n'est pas trop âgée, et si elle n'est plus jeune il lui offrira une prise. Il aura sur les hommes du jour des jugements irréfutables.

Il sera proprement mis. Toujours en cravate blanche ; et il portera des lunettes d'or.

Il y a deux causes de ruine pour le légitimiste. D'abord le jeu et les femmes comme le commun des mortels. Celui-là sera triste ; sa physionomie indiquera la présence des remords, ce ver solitaire moral.

Ensuite, prêts à des ecclésiastiques dévorés par la foi et qui, ne pouvant attendre les allocations du gouvernement, avaient hâte de bâtir une église en Algérie, ou un couvent dans une localité nouvellement miraculée. L'allocation gouvernementale n'était pas accordée et le miracle n'avait pas de succès.

Ou bien, placements de fonds dans des sociétés en commandite pour le commerce des vêtements et ornements d'église. Une grosse faillite a éclaté comme la foudre.

Ce pauvre légitimiste victime de son zèle et de sa naïveté passera sa vie à croire à cette allocation tardive, et à la reconstitution de la Société en commandite. Il sera très-souvent en pourparlers avec des ecclésiastiques consolateurs et

des hommmes d'affaires pieux ; mais cela n'a-
boutira à rien.

S'il est très-âgé, il sera un des rares chevaliers
de Saint-Louis qui survivent. Et à la dernière
extrémité il aura la douleur de porter sa croix à
ce calvaire que l'on nomme le Mont-de-Piété. Il
sonnera à la porte de l'entrée particulière, et
donnera le nom de Durand.

Ce sera un jour de grande tristesse, mais du
moins il éprouvera la satisfaction de donner
quelque argent au maître d'hôtel exigeant.

Il aura su se conserver deux ou trois maisons
où son couvert sera mis au moins une fois par
semaine. S'il a des talents, il se rendra utile à
l'exemple de ces émigrés qui, à l'étranger, ap-
portèrent une haute idée des grands noms de
France en donnant des leçons d'assaisonnement
de salade.

Que le légitimiste ruiné ait une salade à lui ;
cette spécialité le soutiendra dans les mauvais
jours, et il ne dérogera pas.

Un matin on le trouvera éteint dans son lit.
On préviendra sa famille. Ceux qui le délais-

saient vivant viendront peut-être à son enter-
rement.

Mais si la maison garnie a pauvre apparence
ils attendront au coin de la rue que le triste convoi passe ; et ils se mettront dans les rangs où se
trouveront déjà le maître de l'hôtel, une femme
de ménage et peut-être la maîtresse du cabinet
de lecture.

On le descendra dans un caveau de famille.

Mais entretenons-nous un peu du légitimiste
en général à l'heure de sa mort.

Comme il est probable qu'il n'aura ni l'auto-
rité ni le privilége d'écrire à sa dernière heure
la lettre de Berryer, une de ces lettres qui hono-
rent un roi, il devra mourir tranquillement sans
rien dire à personne.

Seulement, s'il a quelques amis dans la presse
parisienne, on lira en déjeunant, dans l'échange
de deux assiettes, un article de cette forme :

« C'était un excellent gentilhomme, très-aimé
des pauvres. Son fils, que nous avons tous connu,
est dans la désolation. Les habitués des pre-

mières et des grandes soirées du faubourg Saint-Germain le connaissaient bien, et l'appréciaient selon sa valeur. Il portait d'azur... » (Suivra la description du blason.)

Celui dont on parlera ainsi sera un légitimiste arrivé. Et ce ne seront ni la *Gazette de France*, ni l'*Union* qui s'exprimeront ainsi. Ce sera tout uniment le *Figaro*. Et le numéro qui contiendra ces lignes se retrouvera dans vingt, trente, quarante ans parmi les archives de la famille du légitimiste.

La presse est chose si dédaignée!...

Le légitimiste qui s'éteindra loin de Paris n'aura peut-être pas cette aubaine. C'est tout au plus si la feuille d'annonces de la localité en dira un mot. Mais si peu qu'elle en dise, cela sera précieusement conservé.

Et, dans un siècle, il y aura quelqu'un qui, développant ce *Figaro* ou cette feuille d'annonces, dira à un jeune homme impressionné :

— Voilà ce qu'était ton aïeul et ce qu'on en disait !...

. . . .

. . . .

. . . .

A part quelques plaisanteries bien légères, nous avons traité notre sujet avec une certaine réserve. Le parti légitimiste, dans toutes nos tempêtes, est le seul qui soit demeuré digne et calme. Sa religion politique a quelque chose de noble et de respectueux qui rappelle les grands cultes de l'antiquité. Aussi, en face de cette cause qui s'ensevelit dans les plis de son drapeau blanc, nous nous arrêtons comme devant le convoi d'un honnête homme. Et nous nous découvrons avec respect.

FIN.

TABLE DES MATIÈRES

FIN DE LA TABLE DES MATIÈRES.

www.ingramcontent.com/pod-product-compliance
Lightning Source LLC
Chambersburg PA
CBHW071327030726
47594CB00002B/560